Manuale di Scrittura Creativa: Costruzione di Mondi e Tecniche Narrative Avanzate

1. Costruzione di Mondi

1.1 L'importanza dell'ambientazione

Ogni storia è profondamente influenzata dall'ambientazione in cui si svolge. Che si tratti di un mondo realistico o fantastico, l'ambientazione non è solo lo sfondo degli eventi, ma un vero e proprio protagonista nascosto. Un mondo ben costruito non solo arricchisce la narrazione, ma può diventare una parte essenziale della trama stessa, influenzando le decisioni dei personaggi e creando conflitti unici.

Immagina una storia ambientata in un mondo post-apocalittico. Qui, le risorse scarse creano tensioni sociali, le città in rovina offrono scenari di sopravvivenza, e il lettore si trova immerso in un'atmosfera costante di pericolo e urgenza. Oppure, pensa a un regno fantasy con terre magiche, dove la geografia e gli elementi soprannaturali possono determinare le sorti di interi popoli. In entrambi i casi, l'ambientazione contribuisce a definire l'identità della storia e a plasmare l'esperienza del lettore.

1.2 Mondi realistici e fantastici

Ci sono due grandi categorie di ambientazioni: quelle realistiche e quelle fantastiche. Nei mondi realistici, l'autore lavora con luoghi e contesti già esistenti, come città moderne, ambientazioni storiche o aree rurali. In questo caso, è fondamentale prestare attenzione alla verosimiglianza e ai dettagli che rendono credibili e coerenti le descrizioni.

Al contrario, nei mondi fantastici, l'autore ha piena libertà creativa, ma con essa arriva anche la responsabilità di costruire un mondo che sia coerente e credibile secondo le proprie regole interne. Che si tratti di un mondo fantasy, futuristico o steampunk, ogni elemento deve seguire una logica precisa, che aiuti il lettore a immergersi senza sospendere troppo la propria incredulità.

Anche nei mondi più fantastici, è utile bilanciare l'immaginazione con elementi universali che permettano al lettore di orientarsi. Un mondo totalmente estraneo rischia di confondere il lettore, mentre un mondo che contiene dettagli familiari ma con variazioni intriganti può catturare l'immaginazione.

1.3 Creare una geografia credibile

Una delle prime sfide nella costruzione di un mondo è creare una geografia credibile. La geografia non si limita solo alla disposizione di città, montagne e fiumi: influisce sulla cultura, sull'economia e persino sulla politica. Una città situata su una costa avrà una cultura probabilmente legata al commercio e alla navigazione, mentre una città in cima a una montagna potrebbe sviluppare tradizioni di isolamento o di spiritualità.

Quando costruisci la geografia del tuo mondo, chiediti:

- Come influisce il clima sulle abitudini delle persone?
- Quali risorse naturali sono presenti e come influenzano la società?
- Esistono barriere geografiche (montagne, deserti, mari) che separano popolazioni e culture?

Creare una mappa, anche solo per uso personale, può essere utile per mantenere coerenza nella narrazione e dare al lettore un'idea visiva di come il mondo è strutturato. La coerenza geografica è importante, anche in un mondo fantastico: un luogo che non segue una logica interna rischia di distrarre il lettore e rompere l'illusione narrativa.

1.4 Cultura e società

Una volta definita la geografia, è il momento di pensare alle culture che abitano il tuo mondo. Ogni popolazione dovrebbe avere le proprie tradizioni, valori, e visioni del mondo. Cultura e società sono influenzate dalle condizioni in cui vivono: una società che vive in una foresta pluviale probabilmente avrà una visione spirituale legata alla natura, mentre una società desertica potrebbe avere una cultura centrata sulla sopravvivenza e sulla gestione delle risorse idriche.

Domande da considerare:

- Quali sono le credenze religiose o spirituali di questa società?
- Come vengono governati i popoli? Esistono regni, democrazie, o tirannie?

- Quali tradizioni o riti influenzano la vita quotidiana?
- Che rapporto hanno con altre società vicine?

Anche la tecnologia e l'economia giocano un ruolo chiave. In una società tecnologicamente avanzata, l'uso di macchine, robot o intelligenza artificiale può plasmare il comportamento umano. In una società agraria, al contrario, i rapporti di potere potrebbero essere basati sul controllo della terra e del lavoro manuale.

1.5 Il rapporto tra personaggi e ambientazione

L'ambientazione non dovrebbe mai essere solo uno sfondo neutro: i personaggi devono interagire con il mondo che li circonda. L'ambiente influenza le loro scelte, i loro comportamenti, e persino la loro mentalità. Un personaggio che vive in un mondo perennemente in guerra avrà probabilmente una visione della vita più cinica o disillusa rispetto a qualcuno che proviene da un mondo pacifico e prospero.

La geografia e la società modellano anche i conflitti interni ed esterni. Se un personaggio vive in una società oppressiva, le sue azioni potrebbero essere dettate dal desiderio di ribellione o di fuga. Un personaggio che vive in un ambiente naturale ostile, come una giungla o un deserto, potrebbe sviluppare abilità di sopravvivenza che lo distinguono dagli altri.

1.6 Gli oggetti e la tecnologia

Infine, un mondo ben costruito è definito anche dagli oggetti e dalla tecnologia che lo abitano. Questi possono essere strumenti quotidiani, armi, mezzi di trasporto o artefatti magici. Gli oggetti non devono essere solo decorativi, ma devono svolgere un ruolo attivo nella narrazione. Un oggetto particolare potrebbe diventare un simbolo chiave della storia o un elemento attorno al quale ruota l'intera trama.

Ad esempio, in una società futuristica, la presenza di un'intelligenza artificiale avanzata potrebbe sollevare interrogativi morali sul confine tra uomo e macchina. In un mondo fantasy, una spada incantata potrebbe essere il fulcro del destino del protagonista. Ogni oggetto può avere un impatto significativo sullo sviluppo del mondo e sulla storia.

2. Tecniche di Narrazione Avanzate

2.1 Punto di vista e prospettiva

Uno degli strumenti più potenti che uno scrittore ha a disposizione è il **punto di vista** (POV) da cui narrare la storia. La scelta del POV non influenza solo come il lettore percepisce la trama, ma anche il tono, il ritmo e il livello di coinvolgimento emotivo. Le principali opzioni sono:

- **Prima persona**: La storia è narrata direttamente dal protagonista o da un personaggio, utilizzando "io" o "noi". Questo punto di vista permette una connessione intima con il narratore, ma limita le informazioni a ciò che il personaggio sa o vive.

- **Seconda persona**: Più raro, ma molto potente, usa "tu" per rivolgersi direttamente al lettore, immergendolo completamente nell'azione. È uno stile adatto a narrazioni sperimentali o a testi che vogliono creare una forte empatia con il lettore.

- **Terza persona limitata**: La narrazione è in terza persona, ma limitata a un solo personaggio. Il lettore vede e sa solo ciò che quel personaggio conosce. Questo punto di vista offre un equilibrio tra immersione e visione globale della trama.

- **Terza persona onnisciente**: Il narratore sa tutto e vede tutto. Può entrare nella mente di ogni personaggio, saltare da una scena all'altra e fornire informazioni che i protagonisti non conoscono. Questo tipo di narrazione dà ampia libertà allo scrittore, ma richiede attenzione per non risultare dispersivo o distante.

2.2 Narratori inaffidabili

Un **narratore inaffidabile** è un narratore la cui versione dei fatti è distorta, incompleta o volutamente ingannevole. Questo tipo di narratore crea un gioco di percezioni tra lui e il lettore, che deve decifrare la verità dietro le parole del narratore.

I narratori inaffidabili possono essere utilizzati per:

- **Aggiungere complessità alla trama**: Il lettore potrebbe scoprire solo alla fine che ciò che pensava di sapere non è la verità.

- **Generare tensione**: Un narratore che nasconde informazioni o racconta versioni parziali della storia può creare un senso di mistero e sospetto.

- **Rivelare la psicologia del narratore**: Il modo in cui il narratore distorce la realtà può dire molto sul suo stato mentale o sui suoi obiettivi nascosti.

2.3 Giocare con la linea temporale

Le storie non devono necessariamente seguire una progressione lineare. Molti scrittori giocano con il **tempo narrativo** per creare effetti drammatici o per svelare dettagli importanti in modo non convenzionale. Alcune delle tecniche più comuni includono:

- **Flashback**: Il ritorno a eventi del passato che arricchiscono la storia principale, rivelando motivazioni dei personaggi o eventi chiave.

- **Flashforward**: Uno sguardo a un futuro possibile o certo che instilla nel lettore aspettative o ansie per ciò che accadrà.

- **Narrazione circolare**: La storia inizia con una scena che si ripete alla fine, ma con una nuova comprensione o un nuovo contesto, dando al lettore la sensazione di chiudere un cerchio.

- **Storie parallele**: Due o più linee temporali che si intersecano o corrono in parallelo, arricchendo la complessità narrativa.

2.4 Scrittura a più voci

Alcune storie richiedono più punti di vista per essere raccontate al meglio. La **scrittura a più voci** permette di esplorare la trama da prospettive diverse, offrendo al lettore una visione più completa del mondo narrativo. Tuttavia, questo tipo di narrazione richiede particolare attenzione affinché ogni voce sia unica e ben distinta dalle altre.

Ogni personaggio deve avere una **propria personalità**, un proprio modo di parlare e di pensare, che si rifletta nel linguaggio e nelle scelte stilistiche del narratore. È importante anche bilanciare il tempo dedicato a ogni voce, per non appesantire la narrazione o confondere il lettore.

2.5 Ritmo e tensione nel lungo termine

Mantenere alta la tensione e il coinvolgimento del lettore in una **narrazione lunga** (romanzi, serie di libri, ecc.) è una delle sfide più complesse per uno scrittore. Ecco alcune tecniche per gestire ritmo e tensione nel lungo termine:

- **Crescita progressiva**: La tensione deve aumentare gradualmente. Non è sostenibile mantenere un livello altissimo di suspense per tutto il libro. Scene di alta tensione devono alternarsi con momenti più lenti, che permettono al lettore di prendere fiato.

- **Mini-archi narrativi**: All'interno della trama principale, creare piccoli archi narrativi che si risolvono in brevi sequenze permette di mantenere il lettore coinvolto. Ogni arco dovrebbe contribuire all'avanzamento della trama principale.

- **Subplot e tematiche secondarie**: Le sottotrame offrono variazioni interessanti e permettono di approfondire i personaggi secondari o aspetti del mondo narrativo, mantenendo comunque l'attenzione sulla storia centrale.

3. Elementi Tematici

3.1 Metafore e simbolismi

Le **metafore** e i **simbolismi** sono strumenti potenti che permettono agli scrittori di infondere nella narrazione significati più profondi e sfumature che arricchiscono la lettura. Attraverso di essi, gli oggetti, le azioni o le situazioni acquisiscono una doppia valenza: non rappresentano solo ciò che appare in superficie, ma suggeriscono un messaggio più ampio.

Una **metafora** è una figura retorica che associa un termine o un'immagine a un concetto diverso per creare un parallelismo implicito. Ad esempio, un cielo nuvoloso che sovrasta un protagonista potrebbe rappresentare la sua confusione mentale o i conflitti emotivi.

Il **simbolismo**, d'altro canto, permette di attribuire un significato specifico e ricorrente a certi elementi. Un oggetto, un animale o persino un colore possono diventare **simboli** potenti che veicolano temi centrali nella storia. Un esempio classico è la **luce** che simboleggia la speranza, o una **porta chiusa** che rappresenta un ostacolo insormontabile per il protagonista.

La sfida per lo scrittore è trovare un equilibrio: metafore e simboli troppo espliciti possono risultare ridondanti o didascalici, mentre quelli troppo sottili rischiano di passare inosservati. La loro forza sta nella **sottigliezza** e nella capacità di suggerire, più che di affermare.

3.2 Morale e ambiguità

Le storie spesso affrontano temi **morali**, in cui i personaggi si trovano di fronte a dilemmi etici complessi. Tuttavia, per creare una narrazione davvero coinvolgente, è importante evitare di imporre una morale rigida o una visione unilaterale delle cose. Le storie migliori sono quelle che lasciano spazio all'ambiguità, permettendo al lettore di riflettere e trarre le proprie conclusioni.

Un **dilemma morale** può essere una scelta tra due opzioni entrambe dolorose o tra il bene collettivo e il bene individuale. Mostrare come il protagonista naviga tra queste scelte può rivelare la complessità del suo carattere e, allo stesso tempo, spingere il lettore a interrogarsi su ciò che farebbe in quella situazione.

L'**ambiguità morale** non significa confusione, ma piuttosto la capacità di mostrare che spesso non esistono risposte facili o soluzioni perfette. Personaggi che agiscono in modo discutibile per motivazioni comprensibili o personaggi positivi che commettono errori morali rendono la storia più realistica e interessante.

3.3 Il potere delle emozioni

Le emozioni sono il motore della narrazione. Che si tratti di amore, paura, rabbia o tristezza, una storia ben scritta deve essere in grado di far provare al lettore un ventaglio di emozioni che vanno oltre la semplice lettura passiva. Tuttavia, trasmettere emozioni intense senza essere eccessivamente espliciti o melodrammatici richiede delicatezza e controllo.

Il modo più efficace per far emergere le emozioni è attraverso le **azioni** e le **scelte** dei personaggi. Invece di dichiarare che un personaggio è triste, mostra come reagisce di fronte a un evento, come cambia il suo comportamento e le sue espressioni corporee. Lascia che il lettore **senta** il dolore del personaggio attraverso le sue azioni, senza doverlo spiegare apertamente.

Un'altra tecnica efficace è l'uso dei **contrasti emotivi**. Alternare momenti di gioia a momenti di tristezza crea una dinamica emotiva che mantiene il lettore coinvolto. Questo permette di amplificare le emozioni quando si verificano, poiché il lettore è stato guidato attraverso una gamma di stati d'animo contrastanti.

4. Innovare i Generi

4.1 Sovvertire i cliché

I **cliché** sono idee, personaggi o situazioni che sono diventate prevedibili e abusate nel tempo. Sebbene i cliché possano fornire una base familiare per i lettori, il rischio è che rendano la narrazione piatta e poco interessante. Sovvertire i cliché è una delle tecniche più efficaci per sorprendere il lettore e mantenere la narrazione fresca.

Per sovvertire un cliché, puoi iniziare presentando una situazione o un personaggio che sembra rientrare in uno schema conosciuto, solo per **capovolgere** le aspettative del lettore in seguito. Ad esempio, invece di un cavaliere coraggioso e senza macchia, potresti presentare un protagonista che, nonostante le apparenze, è insicuro o ha un passato ambiguo.

La chiave è mantenere sempre la **credibilità** della narrazione: i colpi di scena non devono sembrare forzati o incoerenti con il contesto. Sovvertire un cliché funziona quando c'è una logica interna che giustifica il cambiamento, permettendo al lettore di rivedere la situazione con nuovi occhi.

4.2 Mescolare generi

Mescolare elementi di **diversi generi** narrativi può dare vita a storie innovative e uniche. Ogni genere porta con sé aspettative e regole implicite, ma quando questi confini vengono sfumati o infranti, nascono nuove possibilità narrative. Ad esempio, puoi combinare elementi di fantasy e thriller, o fondere la narrativa storica con la fantascienza.

Alcune combinazioni che funzionano bene includono:

- **Fantasy + Mistero**: Una storia fantasy in cui il protagonista deve risolvere un enigma o un crimine.

- **Fantascienza + Romantico**: L'amore tra personaggi in un mondo futuristico dominato dalla tecnologia.

- **Western + Horror**: Un'ambientazione selvaggia e desolata con l'aggiunta di elementi sovrannaturali o creature mostruose.

Quando si mescolano generi, è importante che ci sia una **coesione** tra gli elementi presi in prestito, in modo che la storia mantenga una propria identità e non appaia come una semplice accozzaglia di tropi.

4.3 Scrittura sperimentale

La **scrittura sperimentale** è una forma di narrazione che gioca con lo stile, la struttura e il linguaggio per creare qualcosa di nuovo e diverso. Questo può includere:

- L'uso di forme narrative non convenzionali, come un racconto interamente scritto in forma epistolare (lettere, email, messaggi).

- Il racconto di una storia attraverso punti di vista inusuali, come il punto di vista di un oggetto inanimato o di un animale.

- La manipolazione della struttura del testo, ad esempio usando capitoli che possono essere letti in ordine non sequenziale.

La sperimentazione può aprire nuove strade creative, ma è importante bilanciarla con una narrazione che sia comunque **comprensibile** per il lettore. Spingersi troppo oltre nella sperimentazione rischia di alienare il lettore, mentre trovare il giusto equilibrio può dare vita a opere che sfidano le convenzioni senza perdere l'accessibilità.

5. Esercizi pratici e consigli

5.1 Esercizi di costruzione di mondi

La costruzione di mondi richiede una combinazione di creatività e coerenza. Ecco alcuni esercizi per stimolare la tua capacità di creare ambientazioni originali:

- **Crea una mappa del tuo mondo**: Disegna una mappa che includa almeno tre diversi ambienti geografici (montagne, deserti, mari, foreste, ecc.). Per ogni ambiente, descrivi come le persone che ci vivono si sono adattate a queste condizioni. Che tipo di città hanno costruito? Come vivono?

- **Sviluppa una cultura unica**: Immagina una società che vive in un ambiente estremo (per esempio, su una montagna innevata o in una giungla tropicale). Quali sono le loro credenze religiose, i loro riti, i loro valori? Come influisce l'ambiente su queste tradizioni?

- **Scrivi una scena senza personaggi**: Descrivi un luogo del tuo mondo senza l'intervento di alcun personaggio. Fai emergere i dettagli dell'ambiente e il suo impatto sulla narrazione solo attraverso la descrizione dello spazio.

5.2 Esercizi di narrazione avanzata

La sperimentazione con tecniche narrative avanzate ti permette di giocare con la struttura e il punto di vista. Ecco alcuni esercizi che ti aiuteranno a migliorare queste abilità:

- **Scrivi la stessa scena da tre punti di vista diversi**: Usa la prima persona, la terza persona limitata e la terza persona onnisciente per raccontare una breve scena. Nota come cambia la percezione del lettore e la gestione delle informazioni in base al punto di vista scelto.

- **Crea una narrazione non lineare**: Scegli una storia semplice e suddividila in diversi momenti temporali (ad esempio, inizia dalla fine e torna indietro nel tempo). Prova a organizzare gli eventi in modo che il lettore possa scoprire informazioni cruciali solo in un secondo momento.

- **Sperimenta con un narratore inaffidabile**: Scrivi una breve storia in cui il narratore non dice la verità, ma lascia indizi che rivelano la realtà al lettore. Cerca di bilanciare l'inganno con la rivelazione progressiva.

5.3 Creare una trama partendo da un cliché

Questo esercizio ti aiuterà a sovvertire i cliché e a rendere la tua trama più originale:

- **Scegli un cliché narrativo** (es. "l'eroe che salva la principessa"). Ora prova a modificarlo. Cosa succederebbe se la "principessa" fosse in realtà una manipolatrice che vuole sfruttare l'eroe per i propri fini? O se l'eroe non fosse interessato al salvataggio, ma fosse obbligato a farlo per motivi personali? Sviluppa una breve trama che capovolga il cliché e introduca un conflitto nuovo e sorprendente.

6. Analisi di casi studio

6.1 Analisi di mondi narrativi famosi

Studiare le opere di grandi autori ti aiuterà a comprendere come sono stati costruiti alcuni dei mondi narrativi più celebri:

- **Tolkien e la Terra di Mezzo**: J.R.R. Tolkien è noto per la complessità e la ricchezza della sua creazione del mondo della Terra di Mezzo. Analizza come le lingue, la geografia e le razze diverse contribuiscono a creare un senso di profondità e autenticità. Considera anche come la mitologia e la storia del mondo influenzano la trama principale.

- **George R.R. Martin e Westeros**: In *Le Cronache del Ghiaccio e del Fuoco*, George R.R. Martin utilizza un mondo dettagliato e realistico per raccontare una storia di potere, intrighi e conflitti. Analizza come l'autore combina elementi storici, fantasy e politici per costruire un mondo che sembra tangibile e complesso.

6.2 Analisi di tecniche narrative avanzate in opere classiche

Molti grandi autori hanno sperimentato con tecniche narrative avanzate. Ecco alcuni esempi di come lo hanno fatto con successo:

- **Italo Calvino – *Se una notte d'inverno un viaggiatore***: Calvino gioca con la struttura e il concetto di meta-narrazione, rompendo la quarta parete e coinvolgendo direttamente il lettore. Analizza come l'uso del punto di vista in seconda

- persona e la frammentazione della trama creano un'esperienza di lettura unica.

- **Virginia Woolf – *La Signora Dalloway*:** Woolf utilizza il flusso di coscienza per entrare nella mente dei suoi personaggi in modo diretto e senza filtri. Considera come l'uso del tempo narrativo e la costruzione interiore dei personaggi permettono al lettore di vivere la storia attraverso la loro prospettiva soggettiva.

7. Considerazioni finali

7.1 L'importanza dell'originalità

Trovare la propria voce e mantenere l'originalità in un mondo narrativo pieno di riferimenti è una delle sfide più grandi per uno scrittore. L'originalità non significa necessariamente inventare qualcosa di completamente nuovo, ma può derivare dal **rinnovare** o **reinventare** ciò che già esiste. Il tuo modo di vedere e raccontare il mondo è unico, e il compito dello scrittore è di tradurre quella visione in una narrazione che risuoni con autenticità.

7.2 Equilibrio tra regole e libertà

La scrittura richiede un **equilibrio** tra seguire le regole narrative e saperle infrangere quando necessario. Le tecniche e le strutture servono come linee guida, ma non devono limitare l'espressione creativa. Ogni autore deve sentirsi libero di sperimentare e cercare nuovi modi di raccontare le storie, ricordando che l'importante è il **risultato finale**: un'opera che coinvolga il lettore e che sia fedele alla tua visione artistica.

INDICE

1. Costruzione di Mondi_____Pag. 2

1.1 L'importanza dell'ambientazione

1.2 Mondi realistici e fantastici

1.3 Creare una geografia credibile

1.4 Cultura e società

1.5 Il rapporto tra personaggi e ambientazione

1.6 Gli oggetti e la tecnologia

2. Tecniche di Narrazione Avanzate_____Pag. 7

2.1 Punto di vista e prospettiva

2.2 Narratori inaffidabili

2.3 Giocare con la linea temporale

2.4 Scrittura a più voci

2.5 Ritmo e tensione nel lungo termine

3. Elementi Tematici_____Pag. 11

3.1 Metafore e simbolismi

3.2 Morale e ambiguità

3.3 Il potere delle emozioni

4. Innovare i Generi_____Pag. 14

4.1 Sovvertire i cliché

4.2 Mescolare generi

4.3 Scrittura sperimentale

5. Esercizi pratici e consigli_____Pag. 17

5.1 Esercizi di costruzione di mondi

5.2 Esercizi di narrazione avanzata

5.3 Creare una trama partendo da un cliché

6. Analisi di casi studio_____Pag. 20

6.1 Analisi di mondi narrativi famosi

6.2 Analisi di tecniche narrative avanzate in opere classiche

7. Considerazioni finali_____Pag. 22

7.1 L'importanza dell'originalità

7.2 Equilibrio tra regole e libertà

www.ingramcontent.com/pod-product-compliance
Lightning Source LLC
Chambersburg PA
CBHW071001220526
45471CB00007B/3126